AMIGOS CON ALETAS

EL PIRATA que CAPTURA PECES!

Escrito por Jaclyn Friedlander
Ilustrado por Christian Hahn
Traducido por Johanna Denis

ISBN: 978-1500591434
Título de la serie: Amigos con Aletas
Título del libro: El Pirata que Captura Peces

Este libro está dedicado a:

Kacey Elizabeth Hoover
Caleb y Ronan O'Brien

Adán y Amanda son los mejores amigos que se conocieron en entrenamiento para ser Mensajeros Marinos. Su misión es salvar el océano. Ellos viven en una cúpula especial bajo el agua y son amigos de todas las criaturas del océano. Ellos ayudan a los animales del mar en necesidad.

El sábado pasado por la mañana Cameron el cangrejo estaba jugando a las escondidas con Enrique el mar liebre, Simón la estrella de mar, Jenna la dólar de arena, y Oliver el pulpo. Cameron contaba, mientras los demás trataron de encontrar buenos lugares para esconderse bajo las rocas en la piscina de la marea.

Oliver encontró un agujero pequeño en algunos coral. Presionó todo su cuerpo a través del agujero y se escondió en el interior.

De repente, hubo un fuerte sonido de salpicaduras y una mano gigante rompió la superficie del agua. La mano agarró Jenna y Simón.
-¡Ayúdenos!- Jenna lloró.
-¡Sálvanos! – exclamó Simón.

Cuando Jenna y Simón estaban fuera del agua, vieron lo que estaba sucediendo. ¡Un pirata malvado llamado Capitán Anclas estaba recogiendo estrellas de mar y dólares de arena para vender! Miró sobre su hombro para asegurarse de que nadie estaba mirando y luego puso a Jenna y Simón en un gran cubo azul.

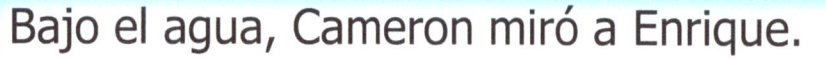

Bajo el agua, Cameron miró a Enrique.
-¿Qué vamos a hacer?- preguntó Cameron.
-Deberíamos llamar los Mensajeros Marinos – Enrique sugirió.
-Buena idea- Cameron dijo.

Cameron sacó su teléfono de concha y marcó los Mensajeros Marinos, Adán y Amanda. Ellos sabrían qué hacer.

Dentro de la cúpula de los Mensajeros Marinos, el teléfono comenzó a sonar. Amanda contestó y lo puso sobre altavoz del teléfono así Adán podía oír también.

-Mensajeros Marinos, ¿cómo le podemos ayudar?-

-Nuestro amigos han sido tomados a la superficie por una mano gigante – Cameron les dijo. -Necesitamos su ayuda para recuperarlos.-

-Estamos en nuestro camino – dijo Adán.

Mientras tanto, en la playa, Jenna y Simón trataban de salir del cubo. – Esto es muy tramposo – dijo Jenna. -Lo sé – Simón estuvo de acuerdo – ¡Espero que Cameron, Enrique y Oliver van a venir a ayudarnos!

Adán y Amanda salieron de su submarino en la playa. Miraron alrededor con sus binoculares y descubrieron el Capitán Anclas.

-Apuesto que los tiene- dijo Amanda.
-No es la primera vez que el Capitán Anclas
ha causado problemas – contestó Adán.

Adán y Amanda caminaron hacía Capitán Anclas.
-Perdón – dijo Amanda – Creo que tiene algo en el cubo
que pertenece en el océano.
-Todo lo que tengo en este cubo es una estrella de mar y un
dólar de arena – respondió Capitán Anclas – Voy a secarlos
y venderlos a la gente como recuerdos.

-No debe hacer eso- Amanda explicó – Estrellas de mar y dólares de arena son criaturas vivientes. Si los seca, no podrán seguir viviendo. Pertenecen en el agua-

Capitán Anclas pareció perplejo. – ¿Que quieres decir que están vivos? Nunca antes he visto un dólar de arena moverse.

Adán intervino – Se mueven muy lentamente pero siguen siendo animales-

Aunque él sabía que Adán y Amanda tenían razón, era un pirata malvado y dijo – No me importa que son animales. Necesito dinero para que pueda seguir buscando tesoros. Encontré estos animales y las voy a vender-

Dentro del cubo Simón miró a Jenna. – Yo puedo oír a Adán y Amanda – él dijo –¡Creo que los Mensajeros Marinos nos van a salvar!- Jenna comenzó a sentirse un poquito menos asustada.

Bajo el agua, Cameron vio la parte inferior del barco del Capitán Anclas. Él quería ayudar a recuperarlos del pirata malvado. Cameron dijo – Tengo un plan de ayuda- Susurró su plan a Enrique. Una sonrisa grande apareció en la cara de Enrique. -¡Esto es genial! – dijo Enrique – Listo...puesto...¡vamos!

Cameron y Enrique fueron al lugar donde el barco del Capitán Anclas fue atracado.

Subieron al lado del barco y encontraron un buen escondite a bordo. Fue como jugando a las escondidas, solo que esta vez tenían un plan para detener un pirata malvado.

-Esta es su última oportunidad para entregar a Jenna y Simón, Capitán Anclas- advirtió Adán.
– Si no lo hace, tendremos que detenerle- ¡En lugar de entregarlos, Capitán Anclas se fue corriendo!

Dentro del cubo las cosas se hicieron con baches. Agua estaba salpicando por donde quiera. ¡Simón y Jenna sintieron que estaban en una montaña rusa espantosa! Adán y Amanda persiguieron a Capitán Anclas todo el camino a su barco.

Tan pronto como el Capitán Anclas llegó a bordo de su barco, Enrique salió de su escondite y lanzó a chorro la tinta morada por todas partes de la cubierta. Cuando las liebres de mar se asustan, lanzan a chorro la tinta morada que es viscosa y resbaladiza. ¡La tinta era tan resbaladiza que el pirata casi cayó! Recuperó su equilibrio y apretó el cubo con más fuerza.

Cameron usó su pinza para cortar una cuerda. Usó la cuerda como un columpio y saltó en la barba del pirata. Capitán Anclas perdió el equilibrio y el cubo salió volando de sus manos.

Amanda se lanzó para atrapar el cubo antes de que aterrizó en el suelo. Lo agarró y logró mantenerlo en posición vertical para que el agua no se derrame.
-Están a salvo – dijo Amanda en el cubo.
Jenna y Simon se sintieron aliviados.
¡No podían esperar a regresar en el océano!

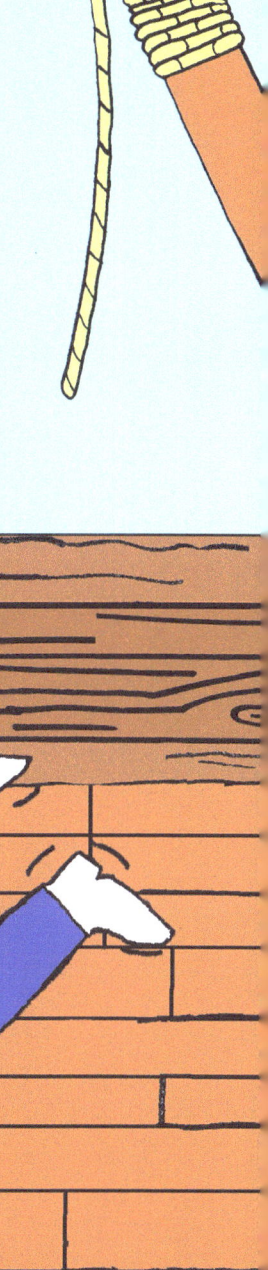

Capitán Anclas se levantó del charco de tinta morada de liebre de mar. Miró a Adán y Amanda y dijo — ¡Ganan este ronda, Mensajeros Marinos, pero no han visto el último de mí!-

Adán y Amanda pusieron Cameron y Enrique en el cubo con Simón y Jenna y dejaron al Capitán Anclas solo en su barco. Adán y Amanda dejaron los animales en la misma piscina de marea desde donde fueron llevados. –Gracias por todo su ayuda – Jenna dijo.

-Era nuestro placer – Adán respondió.

-Llámenos en cualquier momento – agregó Amanda.

En la piscina de marea los animales reanudaron su juego de las escondidas. –¡Oigan!- dijo Cameron - ¿Alguien ha visto a Oliver? ¡En toda la emoción habían olvidado completamente de encontrarlo!

-¡Esto es el mejor lugar de escondite!- Oliver exclamó –Tardan mucho tiempo para encontrarme- Sonrió y luego se declaró el ganador de las escondidas.

AMIGOS CON ALETAS HECHOS DIVERTIDOS

Una liebre de mar puede poner hasta cinco millones de huevos durante una época de la reproducción.

Liebres de mar lanzan a chorros la tinta morada en el agua como defensa contra los depredadores si se sienten amenazados.

El color de una liebre de mar es determinado por lo que come. Las liebres de mar comen algas y hierba de la anguila, así que a menudo son verdes, marrones, morados o rojos.

AMIGOS CON ALETAS HECHOS DIVERTIDOS

Estrellas de mar solían ser llamados pescados de la estrella, pero puesto que no son peces, los científicos los han rebautizado estrellas de mar.

Hay aproximadamente dos mil especies diferentes o clases de estrellas de mar.

¡La mayoría de las estrellas de mar tienen cinco brazos, pero algunas estrellas de mar, como la estrella del girasol, puede tener hasta cuarenta brazos!

AMIGOS CON ALETAS HECHOS DIVERTIDOS

Dólares de arena tienen espinas por todo su cuerpo que les ayudan a excavar en la arena.

Dólares de arena viven 8-10 años. Puede contar que edad un dólar de arena tiene contando los anillos de crecimiento que tiene.

¡El dólar de arena es de la misma familia científica como estrellas de mar, erizos de mar, y pepinos de mar!

SALVE EL OCÉANO

Nunca alimente las tortugas, pájaros o cualquier otro animal del océano porque la comida humana puede enfermarlos.

Conserve el agua siempre que sea posible. Una manera de hacer esto es apagando el agua en el fregadero por dos minutos mientras cepillas los dientes. Cuando termines de cepillar, gira el agua cuando estés listo para enjuagar.

Los globos no son buenos para el ambiente. Cuando se suelta un globo en el cielo a menudo termina en el océano donde los animales lo confunden con comida y se ponen muy enfermos. Hay muchas alternativas de decoración que puede usar en vez de globos.

Sobre la Autora

Jaclyn Friedlander siempre ha sido una apasionada de la conservación del océano. Trabaja como voluntaria en el acuario en Santa Monica, California en su tiempo libre de su carrera en la industria del entretenimiento. Trabaja principalmente como actriz en comerciales y películas. También ha producido varios proyectos exitosos, incluyendo una versión en video de Amigos con Aletas que se ejecuta en el Acuario. Para obtener más información sobre el vídeo o para contactar Jaclyn visita http://www.amigosconaletas.com

Sobre el Ilustrador

Christian Hahn es un muchacho de 14 años en el octavo grado y vive en Florida. Christian disfruta dibujando e ilustrando cómics y cuentos que escribe. también le gusta actuar en obras de teatro y la pantalla que actúa cada vez que tiene la oportunidad. Su tema favorito es drama. Christian tiene un cerdo como mascota llamada Bob, un perro llamado Max, y una hermana menor, Jenna.

Sobre la Traductora

Johanna Denis es una maestra de la escuela secundaria. Ha tenído experiencia enseñando español y enseñando en escuelas primarias durante su preparación de ser maestra. Antes de ser maestra Johanna fue actriz haciendo commerciales en inglés y español. También tiene experiencia actuando en películas. Sigue enseñando y poniendose en proyectos creativos como Amigos con Aletas que utilizan la creatividad para educar y entretener.